CONTRIBUTION

DE TLEMSEN.

CONTRIBUTION

DE TLEMSEN.

L'expédition de Tlemsen fut résolue pour assurer notre influence dans cette province, priver l'Émir des ressources qu'il en retirait et délivrer les Turcs et les Coulouglis renfermés dans la citadelle.

Depuis plusieurs années, nous engagions ces hommes à rester fidèles à notre cause, et nous les assurions de la protection de la France; pendant long-temps ils la réclamèrent en vain. Quelques mois avant que le corps expéditionnaire ne fût rassemblé, ils écrivirent au maréchal Clauzel, gouverneur-général, les lettres les plus pressantes; ils y exposaient la situation pénible dans laquelle ils se trouvaient et ils offraient de payer les frais qu'occasionerait l'expédition qu'ils réclamaient en leur faveur.

Des renseignemens positifs avaient appris au maréchal-gouverneur qu'il existait dans la ville de Tlemsen des approvisionnemens considérables; il était certain d'y trouver non seulement de quoi nourrir ses soldats, mais encore des objets d'une valeur assez forte pour faire rentrer dans le trésor les fonds dépensés pour l'entretien des troupes depuis leur départ de la France. Ainsi, dans sa pensée, les frais de la guerre allaient être payés en grande partie, non par les Turcs, nos alliés, mais bien par les Maures et les Arabes, nos ennemis. Mais la conduite des Coulouglis et des Juifs empêcha ses prévisions d'être entièrement réaliss.es, car ils pillèrent les Maures qui abandonnaient la ville en apprenant notre arrivée. Cet acte coupable des Coulouglis leur attira de justes reproches et la menace d'un châtiment sévère. Mustapha-Ben-Ismaël, leur chef, invoqua la clémence du maréchal-gouverneur, qui prenant en considération leur conduite courageuse pendant plusieurs années, renonça à les punir et à exiger d'eux le maintien des engagemens qu'ils avaient pris avec lui.

Mais tout en abandonnant le projet de faire participer les Turcs aux dépenses générales de l'expédition, le maréchal Clauzel dut nécessairement laisser à la charge des habitans de Tlemsen les frais de l'administration locale qu'il allait y établir, et c'est dans ce but qu'il rendit son arrêté du 6 février, qui les frappa d'une contribution de 150,000 francs, qui dut être levée par les soins du bey.

L'intention du maréchal Clauzel avait été de conférer cette dignité à Mustapha Ben Ismaël, turc d'un grand courage et d'une haute capacité; mais il refusa en pensant qu'il pouvait nous rendre des services plus importans, par suite des fonctions qui lui seraient confiées à Oran. Sur sa proposition, Mustapha ben el Moukallech fut nommé bey de Tlemsen.

Mustapha Ben el Moukallech réunit les grands parmi les Coulouglis et fit, avec leur concours, la répartition des sommes à payer par chaque individu ; mais des plaintes s'étant élevées sur son inégalité, le maréchal-gouverneur ordonna que l'on procédât à une rectification du travail. Les charges les plus fortes devant peser sur les hommes qui par leur fortune pouvaient le mieux les supporter, et sur ceux qui, lors de la prise d'Alger, s'étaient enfuis en emportant des valeurs considérables (300,000 sequins d'or) appartenant au trésor du dey. Le maréchalgouverneur fut obéi, et les gens riches de Tlemsen contribuèrent le plus au versement effectué de 52,469 boudjoux.

C'est à ce chiffre de 52,469 boudjoux, soit 94,000 f. environ, que se réduisent les fonds perçus pour une contribution que la malveillance a portée à plusieurs millions.

Il n'entre point dans nos vues de traiter la contribution levée à Tlemsen sous son point de vue politique; les bornes de cet écrit s'y opposent: nous ferons seulement remarquer que l'organisation d'une autorité locale étant jugée indispensable, il était naturel que les dépenses qu'elle entraînait fussent couvertes par ceux qui ressentaient les effets de sa protection. On était d'autant plus fondé à agir ainsi que le budget ne contenait aucune prévision et que l'on ne pouvait savoir si la chambre voudrait voter les fonds qui étaient nécessaires.

Mais dans un but facile à deviner, on a cherché à déverser le blâme sur l'administration française, on a voulu la rendre responsable d'actes que nous qualifions d'arbitraires et de cruels, et qui ne sont que la conséquence de la législation et des mœurs des indigènes. Mais il suffit de raconter les faits pour prouver que, d'après la volonté expresse du maréchal, l'administration française a été entièrement étrangère au prélèvement de la contribution, et que les chefs indigènes seuls ont eu à s'en occuper.

La présence de Joussouf, bey de Constantine, parmi les chefs indigènes qui surveillaient les détails de la contribution, fut réclamée par Mustapha ben Ismaël et par Mustapha ben el Moukallech, ces chefs désirant au milieu d'eux un homme qui pût apprécier leur manière d'agir, le maréchal-gouverneur y consentit, mais il ne délégua à Joussouf aucune portion de son autorité.

Plusieurs négocians que leurs affaires appelaient depuis long-temps à Tlemsen s'y rendirent à la suite de l'armée et se chargèrent de fournir au bey les fonds que les Coulouglis prétendaient ne pouvoir payer. Les personnes qui ne connaissent pas les habitudes des indigènes s'étonneront peut-être de la difficulté qu'éprouva la rentrée d'une somme aussi peu importante, alors surtout qu'elle était demandée à des personnes riches, mais ces mêmes indigènes avaient eu souvent à feindre une pauvreté qui mettait leur fortune à l'abri de la confiscation.

Pendant les premiers jours, les habitans de Tlemsen apportèrent des bijoux de femmes pour payer leur part de la contribution, mais le maréchal-gouverneur défendit qu'on les acceptât. C'est alors que Mustapha ben Ismaël lui écrivit la lettre n. 4, pour le prier de vouloir bien leur permettre de disposer des bijoux qui leur appartenaient, certains qu'ils étaient d'en rendre de pareils à leurs femmes à l'abri de sa protection.

Ne pouvant obtenir ce qu'ils désiraient, ils se déterminèrent à vendre ces ornemens soit aux négocians dont il a été question, soit aux diverses personnes de l'armée qui les leur achetaient comme objets de curiosité. Les négocians ne traitaient qu'en présence des grands parmi les Coulouglis; une fois les parties d'accord, ils étaient personnellement responsables envers le bey de la valeur des objets qu'ils venaient d'acquérir, et leurs noms remplaçaient ceux des vendeurs sur le rôle de la contribution.

On a affecté un grand intérêt pour les habitans

de Tlemsen, qui, par leur résistance au paiement de cet impôt, ont obligé le bey à recourir contre eux à des mesures sévères; mais ainsi qu'on l'a déjà dit ces mesures étaient dans leurs lois et dans leurs mœurs, et c'est ce qu'exprimait parfaitement un chef auquel on reprochait sa manière d'agir vis-à-vis ses co-religionnaires. « Vous autres, chrétiens, dit-il, ne faites aucune difficulté de vendre sur les marchés les meubles de ceux qui ne payent pas vos impôts, nous sommes moins méchans que vous qui atteignez une famille entière, tandis que nous, en donnant la bastonnade, nous ne punissons que celui-là seul qui refuse d'obéir à nos ordres.

Au reste, les détails que nous venons de donner se trouvent en grande partie dans la lettre que M. le maréchal-gouverneur écrivit à M. le ministre de la guerre, et que nous allons reproduire ainsi que les diverses pièces qui l'accompagnaient.

———

Oran, le 14 février 1838.

MONSIEUR LE MINISTRE,

Contribution de 150,000 francs imposée aux habitans de Tlemsen. Arrêté pris à ce sujet.

J'ai eu l'honneur de vous faire connaître les motifs qui me déterminaient à laisser une garnison française dans le Méchouar de Tlemsen. Les principaux Coulouglis et Maures se sont, par

mon ordre, réunis en conseil, ainsi que vous le verrez par le procès-verbal de la séance (Pièce n° 1) ; « ils ont juré de se re-
» garder comme frères et de combattre ensemble jusqu'à la
» mort pour empêcher que leur ville ne tombe entre les mains
« des ennemis de la France. »

Dès mon arrivée à Tlemsen, il me fut facile de voir que je devais renoncer à l'idée de faire supporter aux habitans les frais de l'expédition ; si comme député je n'avais en vue que les intérêts du trésor, comme gouverneur investi de la confiance du roi, je ne devais pas sacrifier les avantages financiers que nous promet notre conquête au désir de procurer au trésor un allégement momentané.

Les avantages de l'occupation étant appréciés par les habitans eux-mêmes, j'avais décidé de mettre à leur charge les frais d'entretien du bataillon et leur imposer une contribution de 500,000 fr. Mais les Coulouglis (Pièce n° 2) m'adressèrent leurs réclamations, ils me firent valoir les sacrifices de tout genre qui leur avaient été imposés par l'effet de leur blocus dans le Méchouar, et ils prétendirent que c'était leur fidélité envers nous qui occasionait le dénuement dans lequel ils se trouvaient.

Sans adopter comme vraies les raisons qu'ils me donnaient, je crus qu'il serait d'un bon effet de traiter avec bienveillance des hommes qui depuis si long-temps imploraient notre secours et je réduisis à 150,000 fr. la somme à payer.

Par ma lettre du 1er février, je prévins le bey de ma nouvelle disposition et de l'affectation qu'il pouvait donner aux sommes déjà versées. Elles serviront principalement à solder la haute paie faite aux sous-officiers et soldats du bataillon français ; ce sont les Coulouglis eux-mêmes qui ont demandé qu'on leur accordât cette faveur. Les frais de casernement, les moyens d'influence sur les Arabes en emploieront une partie ; le reste sera absorbé par quelques dépenses relatives à l'établissement de l'administration du bey.

J'ai l'honneur de vous adresser un arrêt du 6 de ce mois qui fixe le chiffre de la contribution à payer par les Coulouglis, les

Maures et les Juifs, en même temps qu'il indique le mode de remboursement que j'ai adopté en leur faveur et pour rendre son effet plus immédiat, j'y ai affecté le revenu des biens séquestrés.

Lorsque j'ai quitté Tlemsen, la somme versée par les habitans s'élevait à 94,000 fr. environ, et j'ai autorisé le bey à ne percevoir que par douzièmes le reste de l'impôt, et quoique l'administration française eût été entièrement étrangère au prélèvement de cet impôt, j'ai blâmé fortement (Pièce n° 5) le mode de perception qui avait été employé. Je n'ignore cependant pas que pour faire payer aux Arabes un tribut quelconque on est obligé d'employer la force, habitués qu'ils sont à feindre une pauvreté qui rend leur position moins précaire. Mais s'il est impossible de déraciner immédiatement de pareils abus de pouvoir, il n'en est pas moins urgent d'assurer aux Arabes, sous notre domination, une justice exacte et impartiale. C'est dans ce sens que j'ai écrit au bey, le 1er février, afin que tous les habitans de Tlemsen y contribuassent pour une somme proportionnée à leur fortune.

Malgré la lettre de Mustapha (Pièce n° 4) et les raisons qu'il me donne pour expliquer les motifs qui avaient engagé les Coulouglis à verser des bijoux de femmes, j'ai persisté (Pièce n° 5) dans la volonté que j'avais exprimée que l'on restituât ces divers ornemens.

Il était nécessaire de créer à Tlemsen une autorité dépendante de la nôtre et le budget ne contenait aucune prévision pour effectuer des dépenses qui étaient indispensables. J'ai dû demander au pays les moyens d'assurer le service, et la somme exigée est bien faible en comparaison de ce qui aurait dû être payé depuis cinq ans.

J'ai tout lieu de croire que ce qui reste à percevoir sera acquitté sans difficulté. Les Coulouglis et les Maures, autrefois nos ennemis et maintenant nos alliés, apprécient les avantages de notre domination. Ils reconnaissent qu'Abd-El-Kader les a trompés et que l'intérêt de la religion servait de voile à son ambition personnelle. Ils savent que les fonds qui leur sont demandés serviront désormais à protéger leurs personnes et leurs propriétés, et cette conviction de leur part est déjà une grande amélioration dans leur manière de penser.

Je suis entré dans tous ces détails, Monsieur le Maréchal, parce que la matière est délicate, et j'ai désiré que la mesure que je viens de prendre vous fût connue dans tous ses détails. Je pense qu'elle obtiendra votre approbation, car elle a pour but la consolidation de notre autorité dans un pays que je considère comme un des plus fertiles de l'ex-régence.

J'ai l'honneur d'être etc.

Signé, Maréchal CLAUZEL,

A Monsieur le maréchal marquis Maison, ministre de la guerre.

En résumé :

La contribution frappée sur les habitans de Tlemsen s'élève à la somme de 150,000 francs ; il a été perçu 94,444 fr., dépensé 46,400 francs. Le bey de Tlemsen a encore à sa disposition 46,044 francs qu'il ne peut dépenser sans un ordre spécial du gouverneur, qui a ordonné que l'on ne prélevât que par douzièmes les 55,000 francs restant encore à payer.

La contribution levée à Tlemsen a donné lieu à de perfides exagérations et aux insinuations les plus mensongères. Le simple exposé des faits a dû convaincre tous ceux qui, de bonne foi, avaient pu

donner créance à quelques uns de ces bruits mal-
veillans, que l'administration française n'avait pas
dérogé, en cette circonstance, à sa sagesse et à sa
loyauté habituelles.

L'occupation de Tlemsen est un fait politique
qui doit avoir une heureuse influence sur nos re-
lations avec les indigènes qui s'habituent à faire
cause commune avec nous, chrétiens, contre leurs
co-religionnaires : engageons les Arabes à joindre
leurs intérêts aux nôtres, tendons la main à ceux
qui se rattachent à nous, mais aussi frappons avec
force et promptitude ceux qui se montrent nos
ennemis ; que le maréchal-gouverneur ne soit pas
entravé dans les efforts qu'il fait pour suivre ce
système, et les adversaires de la colonisation seront enfin forcés de reconnaître que notre conquête n'est pas moins utile que glorieuse pour la
France.

PIÈCES A LA'PPUI.

ARRÊTÉ.

Nous, maréchal de France, gouverneur-général des possessions françaises dans le nord de l'Afrique, avons arrêté et arrétons ce qui suit :

ART. Ier.

La contribution pour participation aux frais de l'expédition et pour l'entretien du détachement français formant la garnison du Méchouar, est changée et remplacée par une contribution personnelle et proportionnelle qui sera payée par les habitants réputés riches de Tlemsen.

ART. II.

Cette contribution s'élèvera à la somme de cent-cinquante mille francs.

ART. III.

Les fonds déjà perçus par le bey feront partie de cette contribution, celle-ci sera remboursée par le produit des contributions de la province, en quatre ans par parties égales, et avec un intérêt de cinq pour cent, lorsque les impôts et revenus du pays rentreront dans la caisse du beylik et permettront au bey de faire le remboursement.

ART. IV.

Les fonds provenant de cette contribution sont destinés :

1º A solder la haute paie aux sous-officiers et soldats du détachement français resté au Méchouar.

2º A améliorer le casernement.

3º Aux dépenses du commandant français du Méchouar autorisées par le gouverneur-général.

4º A des travaux de fortifications ordonnés aussi par le gouverneur-général.

5º Et enfin à des dépenses générales pour l'établissement de l'administration du beylik.

ART. V.

Les revenus des biens séquestrés sur les auteurs de la guerre seront aussi affectés au remboursement de cette contribution.

ART. VI.

Le bey de Tlemsen est chargé de l'exécution du présent .arrêté.

Au quartier-général à Tlemsen le 6 février 1836.

Le gouverneur-général des possessions françaises dans le nord de l'Afrique.

Signé le maréchal CLAUZEL.

Rapport sur la séance du conseil tenu par les Coulouglis et les Maures de Tlemsen, le 1er février 1836.

Les notables Coulouglis et Maures de Tlemsen, ayant été convoqués par M. le Maréchal Clauzel pour se prononcer sur leurs moyens de défense, à l'époque où l'armée française viendrait à se retirer, je reçus l'ordre de me rendre au conseil et d'assister à ses délibérations.

A mon arrivée, Mustapha, bey de Tlemsen, et Mezari calife de Mostaganem, m'annoncèrent au nom du conseil que, comptant sur le bataillon que le maréchal avait promis, les Coulouglis et Maures venaient de se jurer, sur le Coran qui était sous mes yeux, une union éternelle ; que désormais il n'y aurait plus de distinction entre eux; qu'ils se regardaient comme frères et combattraient ensemble jusqu'à la mort pour empêcher que leur ville ne tombât au pouvoir des ennemis de la France.

Je leur ai répondu que le maréchal apprendrait avec joie la réconciliation des habitans d'une même ville dont les intérêts étaient inséparables; que le gouvernement français n'abandonnerait jamais des alliés fidèles comme les Coulouglis et comme leur brave chef Mustapha, qui avait fait preuve tout récemment encore d'un courage et d'un dévouement admirés de l'armée entière ; qu'en conséquence ils pouvaient compter sur la protection de la France et sur le bataillon qui leur avait été promis.

J'engageai les Maures à prendre pour exemple les Coulouglis, les Sméla et les Douaires, qui venaient si puissamment de contribuer à nos succès, et de mériter à la première occasion la confiance que nous avions en eux. Ils répondirent en renouvelant leurs sermens, en protestant de leur dévouement.

Ne pouvant plus douter de leurs intentions, je voulus connaître leur opinion sur leurs propres forces, et je leur demandai si, avec le bataillon qu'on allait leur laisser, ils se proposaient de défendre toute la ville, ou de n'en occuper qu'une partie seulement. Leur réponse a été celle de gens de cœur : ils m'ont assuré qu'ils défendraient tout, qu'ils seraient assez forts pour cela avec des français.

J'ai beaucoup applaudi à cet acte de courage, et pour suppléer au nombre dans une aussi grande ville qui n'a encore recouvré qu'une faible partie de ses habitans, je me suis engagé à relever les portions de murailles les plus délabrées de l'enceinte.

La seule inquiétude que le conseil m'ait manifestée, c'est de ne pas pouvoir entretenir toujours le bataillon qu'on mettait à leur charge, parce qu'ils craignaient d'être bloqués long-temps et de ne pas pouvoir vendre leurs denrées; mais qu'ils donnaient au maréchal l'assurance de partager en frères leurs ressources avec les Français, et de ne rien acheter au marché qu'après qu'ils se seraient approvisionnés.

Je ne pouvais pas répondre à ce sujet d'une manière positive, parce que mes instructions n'étaient pas assez étendues. Je me suis borné à dire au conseil qu'il faudrait probablement consulter le gouverneur français, mais que notre grande nation était trop généreuse pour tenir à l'entretien d'un bataillon, quand il s'agissait d'assurer la tranquillité d'une des plus belles provinces de ses possessions en Afrique; que j'avais la presque certitude qu'elle n'exigerait rien de ses fidèles Coulouglis de Tlemsen, sitôt que M. le maréchal aurait fait connaître leur position malheureuse depuis six ans que les habitans les tenaient bloqués dans le Méchouar.

Je les ai tous engagés à faire connaître dans le pays leur reconciliation franche avec les Maures, et à employer toute leur influence sur les tribus, pour accélérer l'établissement d'une communication prompte avec le littoral, c'est-à-dire avec Raschgoun qui n'est qu'à deux journées de marche ; que s'ils réussissaient dans cette négociation déjà entamée, leur fortune serait assurée à cause du débouché qu'auraient leurs grains, et leurs grandes récoltes d'huile : que d'ailleurs le maréchal était prêt à se montrer reconnaissant de ce qu'ils feraient dans cette circonstance, de manière à ne plus leur laisser rien à désirer.

Le conseil, satisfait de l'avenir qui lui était offert et des intentions bienveillantes du maréchal, n'a plus demandé que le respect de la religion musulmane et des mœurs du pays.

La conduite des Français en Afrique, était une garantie suffisante de celle que tiendrait le bataillon de Tlemsen ; je l'ai exprimé au conseil, mais en ajoutant que ce qu'il demandait était d'ailleurs conforme aux ordres les plus sévères du gouvernement français, qui nous faisait un devoir impérieux de respecter la religion et les mœurs des mahométans, comme ce que nous avons nous-mêmes de plus sacré.

Telles ont été, monsieur le maréchal, les divers sujets traités dans la séance du conseil des Coulouglis et des Maures de Tlemsen. Le dévouement qu'ils ont montré, les craintes qu'ils ont émises, les vœux qu'ils ont manifestés, méritent d'être pris en grande considération. Depuis que nous avons vu les Coulouglis sur le champ de bataille, personne ne peut douter de leur sincérité, et je crois que vous n'aurez point à regretter le bien que vous avez la louable intention de leur faire.

Tlemsen, le 1ᵉʳ février 1836.

Le colonel-commandant le génie,

LEMERCIER.

Mustapha-Aga-Ben-Ismaël et tous les grands des Coulouglis de Tlemsen à M. le Maréchal, Gouverneur,-Général.

Après des complimens très respectueux, nous avons reçu votre lettre et nous avons compris tout son contenu. Nous sommes vos sujets et vos enfans à vous qui êtes prince ; voilà six ans que nous sommes en guerre contre les Arabes en ville et au dehors ; le bon Dieu ne nous avait pas éclairés sur la conduite que nous devions tenir jusqu'au jour où il nous a inspiré de nous refugier sous les drapeaux de la France, vous êtes venu avec votre armée victorieuse attaquer et repousser nos ennemis et nos oppresseurs. Vous nous demandez le remboursement des dépenses qu'a faites cette armée depuis son arrivée de France. Cette demande est hors de proportion avec nos ressources ; il est même au-dessus de notre pouvoir de payer une partie de ces dépenses. En conséquence nous implorons votre compassion, votre sensibilité et vos bons sentimens, pour nous qui sommes vos enfans, et ne pouvons supporter cette charge : car il n'y a parmi nous, ni riches ni hommes faisant le commerce, mais bien des hommes faibles et pauvres. Nous reconnaissons tous le service que vous nous avez rendu, et nous prions le bon Dieu qu'il vous récompense à cet égard. Pour nous, nous vous donnerons tout ce dont nous pourrons disposer ; c'est-à-dire les maisons que nous habitons, nos maisons de campagne et autres immeubles que nous possédons ; mais nous vous prions de nous accorder un délai, car nous sommes vos sujets et vos enfans : vous êtes notre sultan, et nous n'avons que Dieu et vous pour soutien.

Nous sommes sous vos ordres et disposés à vous servir comme soldats partout où vous voudrez.

Pièce N. 2.

Tlemsen, 22 janvier 1836.

Le Maréchal, Gouverneur-Général à Mustapha ben Ismaël.

Pièce N. 3.

Je désire connaître la résolution des grands sur l'indemnité qu'ils doivent remettre au trésor, pour participation aux frais de la guerre et de leur délivrance.

Je dois, en attendant, vous dire que c'est avec peine que j'ai appris que les grands faisaient tomber toutes les charges sur les petits et qu'ils ne payaient rien eux-mêmes ; tandis que mon intention est que les pauvres ne payent rien et que toute la charge tombe sur les riches.

Faites en sorte que les choses se passent ainsi et qu'elles soient bientôt terminées. Il ne faut pas que ces Coulouglis abusent de ma patience et de l'amitié que j'ai pour vous qui les préserve presque en ce moment d'un juste châtiment.

D'un mot écrit je puis mettre tous les Coulouglis sous la domination des Maures et cela pour toujours.

Tlemsen, 22 janvier 1836.

Mustapha ben Ismaël à M. le maréchal gouverneur-général.

Pièce N. 4.

Après des complimens très respectueux, j'ai reçu votre lettre relativement aux bijoux des femmes et à l'argent des pauvres, dont vous ordonnez la restitution.

J'ai fait venir les Couloughis auxquels j'ai communiqué vos intentions ; ils vous répondent par mon organe que les bijoux appartiennent aux hommes; ils espèrent qu'à l'abri de votre protection ils pourront un jour en rendre de pareils à leurs femmes, qui les ont offerts de leur propre volonté; eux et leur famille sont vos sujets et ils vous prient de vouloir bien les laisser disposer non seulement de ces bijoux, mais encore de leurs immeubles que nous mettons à votre disposition. Quant à l'argent des pauvres que nous avons exigé, d'après ce que vous nous marquez, nous avons l'honneur de vous répondre que c'est pour nous conformer à vos ordres, qui portent que les Coulouglis ont pillé, et que la contribution pèsera particulièrement sur ceux qui ont pillé la ville, nous vous prions d'accepter sans distinction de personnes, tout ce que nous avons l'honneur de vous offrir. Il est vrai que nous avons eu tort de piller la ville, mais vous êtes plein de bonté et de générosité et vous pardonnerez à vos enfans, sans cela nos ennemis croiraient que vous n'avez aucun égard pour nous; mais ces sentimens ne sont pas dans votre caractère, et vous nous traiterez comme des sujets fidèles et comme des enfans placés sous la protection de votre drapeau.

Tlemsen, 23 janvier 1836.

Le Maréchal gouverneur-général à Mustapha ben Ismaël.

En réponse à votre lettre d'hier au sujet des bijoux des femmes pour faire la somme de l'imposition pour participation aux frais de la guerre, je vous dirai que je suis toujours dans les mêmes sentimens, et que je considère cela comme une mauvaise mesure qui ne doit rien produire effectivement au trésor.

Pièce N. 5

Prenez l'argent à ceux qui l'ont enlevé à l'ancienne régence qui vous sont connus et à moi aussi, et qui sont ici en assez grand nombre.

Nommez deux commissaires qui vous remplaceront pendant votre absence, et en attendant qu'il y ait un bey.

Celui que vous m'avez désigné hier pourrait l'être; désignez-m'en trois autres des plus capables et je choisirai.

Il faut que la contribution rentre vite pour assurer la solde, la nourriture et l'entretien des troupes que je laisserai à Tlemsen.

Que les Coulouglis ne s'abusent pas, il faut qu'ils restent ici et qu'ils défendent leur pays avec l'appui des troupes françaises. Ce n'est pas à celles-ci seules à le faire puisque les lois françaises, les coutumes françaises n'y règnent pas, mais bien les vôtres.

NOTE REMISE PAR MUSTAPHA, BEN EL MOUKALLECK, BEY DE TLEM-SEM, A M. LE GOUVERNEUR-GÉNÉRAL.

État nominatif des habitans de Tlemsen, qui ont versé des sommes à-compte de la contribution de 150,000 francs levée sur la ville par arrêté du 6 février 1836.

	Boudjoux (1).
Ben Aouda Boursaly.	1,812
Ben Aouda Melmenn.	258
Mohammed, ben Aly Chaouch.	3oo
El Hadji el Daoudi, ben Ghazy.	9I6
El Hadji Mohammed, ben el Scalia	54I
Mohammed Ouled Mourad.	534

(1) Le boudjou vaut 1 fr. 80 c., argent de France.

Report

Mohammed Ouled Herrakigk.	613
El Hadji Cada , ben Sary Maschik.	263
El Hadji Cada ben Cara Mustapha	195
El Hadji el Din.	564
El Hadji Hamet, ben Sary Machik.	94
El Kaïd Omar.	691
El Kaïd Ibrahim.	3,518
El Daoudy, ben Mrad.	436
El Hadji Mohammed el Triky.	1,532
El Hadji, ben Aouda, ben Douch.	593
Ouled el Bey Mustafa.	686
Mohammed, ben el bey.	1,343
Ibrahim Khasnadar.	2,110
El Hadji Hassen el Seradji.	928
El Hadji Boumedian, ben Dah Yahia.	891
Ramadan el Triky.	538
Djelloul el Triky.	537
Eyoul Ouled el Khasnadji.	7,015
Ismael Nessib el Khasnadji	5,015
Ouled Carmala.	694
El Cadi.	773
Ahmet Nessib el Khasnadji.	3,903
El Hadji Hassem Bache Tazzi.	1,059
Mustafa Ouled el Hadji.	455
El Hadji Boumedin, ben Caraaly.	626
Ben Aouda Ouled Ali Chaouich..	90
Hadji Mustafa, ben Sary.	1,444
Contribution des Juifs.	3,000
Contribution d'une partie des Coulouglis.	7,410
Total.	52,469

Cette contribution a été payée en présence du commandant
Joseph, bey de Constantine, du bey de Tlemsen et de tous les
grands de cette ville.

*Note des dépenses faites à Tlemsen et dont le paiement a été
effectué au moyen des fonds provenant de la contribution.*

Il a été perçu par le bey. . . . 52,469 boudj.   94,444 fr.
Il a été dépensé :
Pour haute paie. 18,000
Pour frais de représentation. . 3,400
Au commandant français pour
    frais extraordinaires. 6,000
Dépenses relatives aux fortifica-
    tions. 6,000   48,400
Mandat de paiement pour dépen-
    ses faites avant et pendant
    l'expédition dans l'intérêt de sa
    réussite. 15,000

46,044 f. 20

Reste entre les mains du bey la somme de 46,044 fr. qui a dû
lui être comptée par les négocians qui se sont rendus caution
des divers habitans dont le nom figure ci-contre.

Toutes les autres dépenses à faire par le bey devront être autorisées par le gouverneur-général ; il est seulement chargé de
payer en attendant la décision de M. le ministre de la guerre.
1,000 fr. par mois à Mustapha ben Ismaël, 500 fr. par mois à el
Mezari.

Tlemsen, 23 janvier 1836.

Mustapha ben Ismaël à M. le maréchal-gouverneur, général.

Après des complimens, j'ai reçu votre lettre par laquelle vous me demandez de vous désigner un homme pour être dey de Tlemsen, réunissant les qualités que vous désirez qu'il ait. Le meilleur choix à faire ce serait de nommer Mustapha ben Ouel el Moukalliche qui est déjà fils d'un bey et qui connaît toutes les obligations de cet emploi. Je lui en ai parlé ainsi qu'aux Coulouglis. Le premier accepterait avec plaisir : les autres l'accepteraient de même. S'il sert avec fidélité, j'en serai charmé ; dans le cas contraire, je saurai le remettre entre vos mains.

IMPRIMERIE DE J.-A. BOUDON, RUE MONTMARTRE, 131.